Bibliografische Information der Deutschen Nationalbibliothek:

Die Deutsche Bibliothek verzeichnet diese Publikation in der Deutschen National-
bibliografie; detaillierte bibliografische Daten sind im Internet über http://dnb.d-
nb.de/ abrufbar.

Impressum:

Copyright © 2010 GRIN Verlag, Open Publishing GmbH
Druck und Bindung: Books on Demand GmbH, Norderstedt Germany
ISBN: 9783640553129

Dieses Buch bei GRIN:

http://www.grin.com/de/e-book/144033/elektronische-ausweisdokumente-zur-
absicherung-des-datenzugriffs-mit-mobilen

Carsten Dickhut

Elektronische Ausweisdokumente zur Absicherung des Datenzugriffs mit mobilen Computern

Mit besonderem Schwerpunkt auf den elektronischen Personalausweis ePA

GRIN Verlag

GRIN - Your knowledge has value

Der GRIN Verlag publiziert seit 1998 wissenschaftliche Arbeiten von Studenten, Hochschullehrern und anderen Akademikern als eBook und gedrucktes Buch. Die Verlagswebsite www.grin.com ist die ideale Plattform zur Veröffentlichung von Hausarbeiten, Abschlussarbeiten, wissenschaftlichen Aufsätzen, Dissertationen und Fachbüchern.

Besuchen Sie uns im Internet:

http://www.grin.com/

http://www.facebook.com/grincom

http://www.twitter.com/grin_com

Karlsruhe Institute of Technology

Institut für Angewandte Informatik
und Formale Beschreibungsverfahren

Seminar Mobile Business

Elektronische Ausweisdokumente

zur Absicherung des Datenzugriffs mit mobilen Computern

Carsten Dickhut

Fachsemesterzahl: 5
Termin der Abgabe: 27.01.2010

Inhaltsverzeichnis

1 Elektronische Ausweisdokumente zur Absicherung des Datenzugriffs mit mobilen Computern

von Carsten Dickhut

Zusammenfassung

Dem wachsenden Bedarf nach sicherer und einfacher Absicherung des Datenzugriffs in großen Netzwerken kann zu großen Teilen durch die Benutzeridentifikation mittels elektronischer Ausweisdokumente nachgekommen werden. Schwerpunktmäßig geht es in dieser Arbeit um den elektronischen Personalausweis (ePA), der die erforderliche Funktionalität bereit stellen kann. Er wird ab November 2010 in Deutschland eingeführt, jedoch bleibt die Frage nach der Akzeptanz dieser Technik durch den Bundesbürger als Anwender. Als Smartcard mit drahtloser NFC-Schnittstelle bietet der ePA mehr Funktionalitäten als der bisher bekannte Personalausweis; neben der schon üblichen Sichtkontrolle ermöglicht er optional zweitens auch die eID-Funktion zur Identifikation in Online-Anwendungen und stellt drittens optional die Funktion der qualifizierten Signatur für den elektronischen verbindlichen Rechtsverkehr bereit.

Die beiden letztgenannten Funktionen stellen hohe Anforderungen an die Sicherheit aus Sicht der Informationstechnologie, die neben neuartigen Protckollen wie PACE auch komplexe Public-Key-Infrastrukturen (PKI) speziell für den elektronischen Personalausweis entwickelt hat. Die den drahtlos auslesbaren elektronischen Ausweisen zu Grunde liegende Technologie der Near-Field-Communication (NFC) ist eine Unterart der RFID-Technologie und erschließt in Kombination mit Smartphones weite Anwendungsfelder, so dass der Ansatz der Verwendung elektronischer Ausweisdokumente in Kartenform für die Absicherung des Datenzugriffs noch vor ihrer Einführung in Deutschland überholt sein könnte.

1.1 Einleitung

Der moderne Mensch muss sich im täglichen Leben unserer heutigen Zeit häufig gegenüber computerbasierten Diensten identifizieren. Gerade durch die Etablierung des Internet ist dieser Vorgang in digitaler Form alltäglich geworden. Dabei ist es hinreichend unbequem, sich eine ständig wachsende Zahl von Kombinationen aus Benutzernamen und Passwort zu merken. Obendrein ist diese weit verbreitete Methode der Identifizierung nicht besonders sicher, da es einige mögliche Schwachstellen dieses Systems gibt: So können Benutzername und/oder Passwort relativ leicht ausgespäht werden, sie könnten als meistens verwendete relativ leichte Passwörter im Rahmen eines Brute-Force-Angriffs in großer Zahl ausprobiert und so gefunden werden, sie könnten durch Unachtsamkeit des Benutzers bekannt werden und so weiter. Für besonders sicherheitsrelevante Anwendungen wie zum Beispiel der hoheitlichen Identifizierung kann dieses Verfahren also nicht eingesetzt werden.

Es besteht deshalb Bedarf für eine bessere Lösung, am besten mit einer von den Nutzern akzeptierten und weit verbreiteten Technologie. Eine solche zu finden ist möglich, wenn man der Geschichte der Ausweisdokumente folgt. Ausweise wandelten sich in erheblicher Form und waren selten auf dem möglichen Stand der Technik, denn ein Ausweistyp wird in der Regel in großer Anzahl für viele Nutzer hergestellt, muss lange haltbar und robust gegenüber Umwelteinflüssen sein. Riskante technische Experimente sind hier also fehl am Platz, dennoch muss ein Ausweis natürlich den Ansprüchen der sich wandelnden Technologie im täglichen Leben genügen. So wurden Passfotos in den 1920er Jahren zum Standard (ein halbes Jahrhundert nach der Erfindung der Fotografie) und in den 1980er Jahren wurden Ausweise erstmals mit Plastik ummantelt (obwohl Plastik schon länger bekannt war).

Die Integration eines Mikrochips – als Datenspeicher oder gar als Kleinstrechner – in die allgemein gebräuchlichen Ausweisdokumente ist damit nur folgerichtig, denn die Technologie ist vorhanden und bietet offensichtliche Vorteile: Ein Chip kann deutlich mehr Daten speichern als ein Papierdokument, er kann das (unberechtigte) Auslesen verhindern und damit die Fälschungssicherheit erhöhen und er eröffnet nicht zuletzt ein breites Feld an weiteren, bisher mit einem Ausweis unmöglichen Anwendungsgebieten: Zum Beispiel wird das bargeldlose Bezahlen und das Geldabheben am Automaten leichter, oder man kann mit einem solchen Dokument digitale Signaturen erzeugen. Und er ist natürlich für alle Online-Anwendungen interessant, bei denen sichergestellt werden soll, dass auch wirklich ein bestimmter Nutzer vor dem Endgerät sitzt.

Damit wird der Ausweis, dessen ursprüngliche Merkmale ausschließlich der reinen visuellen Kontrolle der Identität dienten, zum Multifunktionsgegenstand, der im täglichen Leben unverzichtbar wird. Ein elektronisches Ausweisdokument kann daher als „privates oder amtliches Dokument in einem kleinen Format, das die Identität des

Inhabers belegt und diesem (optional) bestimmte Rechte bescheinigt" definiert werden [Schm09a; S.9]. Auf den Begriff „Ausweis" soll nicht weiter eingegangen werden, da Ausweise gemeinhin bekannt und definiert sind. Ein Ausweis sollte bestimmte Sicherheitsmerkmale zur Verhinderung der Fälschung und Fremdnutzung aufweisen, neben den bisher etablierten Sicherheitsmerkmalen der bekannten Ausweise muss ein elektronischer Ausweis durch Kryptographie gesichert sein. Elektronische Ausweisdokumente können bei der Anwendung mit mobilen Computern als Spezialform von Krypto-Hardware-Tokens eingeordnet werden, da sie ähnliche Eigenschaften aufweisen: Sie sind maschinell auslesbare, einmalige, gegen Vervielfältigung und Manipulation gesicherte Datenträger oder Kleinstrechner, deren unmittelbarer Besitz sowie ein bestimmtes Wissen (z.B. PIN) für eine Anwendung erforderlich ist.

Im Rahmen dieser Arbeit soll – mit Schwerpunkt auf dem elektronischen Personalausweis in Deutschland – untersucht werden, wie elektronische Ausweisdokumente für die sichere Identifikation eines Nutzers in der Arbeit mit mobilen Computern verwendet werden können. Der Schwerpunkt liegt dabei auf der Sicherheitstechnik der Dokumente, da sie die zentrale Problematik der elektronischen Ausweise darstellt. Abschließend soll auf die zugrunde liegenden Technologien eingegangen werden und ein kurzer Ausblick über Anwendungsszenarien und Bewertung elektronischer Ausweisdokumente gegeben werden.

Die Anwendungsgebiete elektronischer Ausweisdokumente im Zusammenhang mit der Absicherung mobiler Computer sind vielfältig und umfangreich – denn es lässt sich prinzipiell jede elektronische Anwendung, bei der eine Identifikation einer oder mehrerer Parteien erforderlich ist, mit einem elektronischen Ausweisdokument realisieren. Abgesehen davon erweitert sich der Anwendungsbereich von elektronischen Ausweisdokumenten beträchtlich. Damit der Rahmen dieser Arbeit nicht gesprengt wird, soll auf konkrete Anwendungen und die große Anzahl verschiedener Ausprägungen elektronischer Ausweise nur kurz eingegangen werden. Alternativ könnte auch auf bereits existierende Produkte zu Absicherung des mobilen Datenzugriffs eingegangen werden oder es könnten spezielle Anwendungsszenarien behandelt werden, was jedoch nicht Teil dieser Arbeit sein soll.

Ein typischer Anwendungsfall wäre zum Beispiel die Zugriffsregelung auf sensitive Daten einer zentralen Datenbank über einen mobilen Computer wie zum Beispiel ein Notebook. Der mobile Nutzer müsste sich dazu bei seinem mit einem speziellen Lesegerät ausgestatteten Notebook authentifizieren, was mittels elektronischer Ausweisdokumente wie dem elektronischen Personalausweis geschehen könnte. Interessant in diesem Zusammenhäng wäre auch eine standortabhängige Zugriffsregelung auf Datengruppen verschiedener Sicherheitsstufen oder der Vergleich mit anderen Krypto-Hardware-Sicherheitstechnologien, was jedoch nicht Teil dieser Arbeit sein soll. Prinzipiell lässt sich mit einem elektronischen Ausweisdokument wie dem elektronischen Personalausweis jede Anwendung realisieren, die bisher über spezielle Tokens (z.B. USB-Tokens[1]) realisiert wurde. Die Technik lässt sich also überall dort einsetzen, wo ein Benutzer sicher identifiziert werden muss und wo die entsprechenden technischen Voraussetzungen vorhanden sind. Interessanter als die Ausprägung dieser vielen Anwendungsmöglichkeiten ist daher die Beschreibung der zu Grunde liegenden Technik RFID und NFC sowie die Sicherheitsmerkmale eines in Zukunft weit verbreiteten Sicherheitsdokuments, des elektronischen Personalausweises, kurz ePA.

Nicht verschwiegen werden soll auch die Herausforderung der Quellensuche für eine Arbeit über Sicherheitstechnologien wie zum Beispiel elektronischen Ausweisdokumenten, denn den beteiligten Institutionen ist nicht daran gelegen, dass über (zumal noch nicht eingeführte) Sicherheitsdokumente und deren Funktionsweise zu viel bekannt wird. Vergleiche hierzu auch [Ecke09] mit der Bemerkung, dass das BSI[2] nur einige Informationen auf seiner Website (www.bsi.bund.de) bekannt gibt.

1.1.1 Erforderliche Infrastruktur für elektronische Ausweisdokumente

Der elektronische Ausweis ist nur ein kleiner Teil einer großen Infrastruktur, ohne die er selbst (bis auf die auf seiner Oberfläche optisch sichtbaren Merkmale) wertlos wäre. Er benötigt also ein Hintergrundsystem, das man in die Ausweisinfrastruktur (zur sicheren Identifizierung des Inhabers) und die Anwendungsinfrastruktur (zur Erschließung weiterer Optionen jenseits des traditionellen Anwendungsgebietes) unterteilt [Schm09a; S.74]. Um zu klären, wie solche Ausweisdokumente zur Absicherung der Arbeit mit mobilen Computern verwendet werden können, konzentriert sich diese Arbeit auf den aus Sicht der Informatik wichtigen Teil der Ausweis- und Anwendungsinfrastruktur.

Als wesentlicher Bestandteil dieser Infrastruktur können hier zunächst die Lesegeräte genannt werden, die zum Prüfen des Ausweises erforderlich sind. Diese Geräte müssen an allen Orten, an denen der Ausweis ausgelesen werden soll, installiert sein. Kommen mobile Computer zum Einsatz, so bedeutet dies, dass jeder mobile Computer die Fähigkeit zur (drahtlosen) Kommunikation mit dem Ausweisdokument bereitstellen muss. Natürlich muss der Chip des Ausweises zunächst seinen Inhalt erhalten, weshalb auch Schreibgeräte erforderlich sind, die aber oftmals an zentraler Stelle installiert sind (zum Beispiel Personalausweisbehörde). Je nach Anwendung muss gegebenenfalls eine Verbindung zum Internet bestehen, um einen Abgleich mit einer (zentralen) Datenbank zu ermöglichen und Zugriff auf diverse Server-Anwendungen bereitzustellen [Schm09a; S.74]. Weiterhin ist in der Regel eine so genannte PKI (Public Key Infrastructure) erforderlich. Beispielhaft wird eine solche an der Infrastruktur für den elektronischen Personalausweis (ePA) in Deutschland erläutert werden (siehe Kapitel 1.3.4). Systemimmanent gibt es einige potenzielle Stellen der Inf-

---

[1] Zum Beispiel CodeMeter Technologie www.wibu.de/technologies.php
[2] BSI – Bundesamt für Sicherheit in der Informationstechnik

rastruktur, die durch eventuelle Angriffe gefährdet sind und die deshalb entspre-
chend gesichert werden müssen. Auch hier werden einige exemplarisch herausgegrif-
fen.

1.2 Bereits verwendete Elektronische Ausweisdokumente

In diesem Kapitel wird anhand von drei Beispielen dargestellt, welche elektronischen
Ausweisdokumente bereits in aktiver Verwendung sind, welche Besonderheiten sie
aufweisen und welche Erfahrungen damit gemacht wurden.

Es gibt vielfältigste Ausweisdokumente, die letztlich immer dem Nachweis einer Identität beziehungsweise Berechtigung dienen. Als erstes Land weltweit hat Brunei (Ost-
asien) 1999 eine elektronische Identitätskarte eingeführt, die jedoch heute auf Grund
ihrer simplen Technik kaum noch Beachtung findet [Schm09a; S.216]. An dieser Stelle soll sich auf die elektronischen Ausweisdokumente in Form von behördlichen Ausweisen konzentriert werden, dazu zählen insbesondere Reisepässe und mit dem
deutschen Personalausweis vergleichbare Dokumente. Kurz beleuchtet werden sollen
hier die die Identitätskarte BELPIC (Belgian Personal Identity Card) aus Belgien als
eine der weltweit führenden Technologien sowie die eCard-Strategie der Bundesregierung Deutschland und die hochkomplexe Gesundheitskarte aus Deutschland.

1.2.1 BELPIC

Im Jahre 2001 wurde vom belgischen Ministerrat beschlossen, in Belgien als drittem
europäischem Staat (nach Finnland und Estland) eine elektronische Identitätskarte
einzuführen, die bereits ab 2003 ausgegeben wurde. Im Frühjahr 2009 besaß bereits
über die Hälfte aller Bürger eine solche Karte, mit der vor allen Dingen das
eGovernment ausgeweitet werden soll [BMI08a; S.32]. Es stehen zur Zeit insgesamt
ca. 600 eAnwendungen im Internet zur Verfügung[3]. Teilweise werden digitale Signaturen eingesetzt, die beispielsweise mit der Anwendung Safer Chat für Jugendliche
als Zugangsvoraussetzung für Chats im Internet dient. Die BELPIC ist eine kontakt-
behaftete Smartcard im ID-1-Format[4] und unterstützt bisher keine MRTD[5]-Zugriffe,
da sie vor dem MRTD entwickelt wurde. Das Sicherheitssystem der BELPIC verwendet zwei private Schlüssel, von denen einer für die Authentifizierung und der andere
für die Erzeugung digitaler Signaturen verwendet wird. Zu diesen beiden Schlüsseln
gibt es jeweils digitale Zertifikate nach dem X.509-Standard, die von einer Zertifizierungsstelle der belgischen Regierung ausgegeben werden. Zur Verschlüsselung der
Daten ist ein dritter privater Schlüssel geplant. Ein weiterer dient der Verifizierung
der Echtheit der Karte durch eine dynamische Datenauthentifizierung. Zweifelsohne

---

[3] http://www.fedict.belgium.be/fr/ (Letzter Abruf am 30.12.2009)
[4] ID-1-Format: „Scheckkartenformat"; Maße: B 85,6 x H 53,98 x T 0,76 mm mit abgerundeten Ecken
im Radius von 3,18 mm. Siehe auch ISO 7815.
[5] MRTD: Machine Readable Travel Document

hat Belgien mit der BELPIC Pionierarbeit auf dem Gebiet der elektronischen Ausweise geleistet, doch da sie nicht MRTD-konform ist, ist eine Harmonisierung der elektronischen Ausweisdokumente und deren Infrastruktur auf dem europäischen Kontinent nicht leicht [Schm09a; S.182].

1.2.2   e-Card-Strategie der Bundesregierung Deutschland

Um zu verhindern, dass die derzeit stark anschwellende Menge der elektronischen Ausweisdokumente jeweils inkompatible Insellösungen produziert, hat die Bundesregierung am 9. März 2005 einen umfassenden Standard, das sogenannte „eCard-Rahmenwerk" beschlossen [BSI09a], in der die Elektronische Gesundheitskarte (eGK), der elektronische Reisepass (ePass), der elektronische Personalausweis (epA), die elektronische Steuererklärung (ELSTER) und der elektronische Einkommensnachweis (ELENA) spezifiziert werden [BSI09a]. „Durch das eCard-API-Framework, das eine Reihe von einfachen und plattformunabhängigen Schnittstellen umfasst, soll die Kommunikation zwischen den jeweiligen Anwendungen und den eingesetzten Chipkarten vereinheitlicht werden." [BSI09a]. Das im März 2008 erstmals erschienene Framework beschreibt in seinen sieben Bestandteilen die vier Schichten für Anwendungen (Application-Layer), Identitätsnachweise (Identity-Layer), kryptografische primitive und biometrische Mechanismen (Service-Access-Layer) sowie die Smartcard-Terminals (Terminal-Layer) [BSI09a].

1.2.3   eGK – elektronische Gesundheitskarte

Interessant an diesem eAusweis-Projekt ist insbesondere die Komplexität durch die vielen verschiedenen Beteiligten (Krankenkassen, Ärzte, Kliniken und Patienten). Ers-

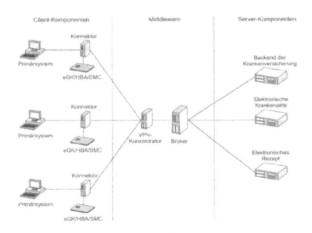

Abb. 1 Leistungsfähige aber komplexe Telematikstruktur der eGK [Schm09a; S.155]

te Ideen zur eGK entstanden Ende der neunziger Jahre, die der Nachfolger der Krankenversichertenkarte (KVK) mit ihrem eingeschränkten Funktionsumfang des reinen Speicherns auf einem Chip mit nur 256 Byte ist. Weiterer Vorläufer ist die sogenannte QuaSi-Niere-Karte, die die medizinische Anwendung der Dialyse durch die Speicherung von patientenbezogenen und medizinischen Daten, die durch eine PIN geschützt sind, unterstützte und schon mit zwei privaten Schlüsseln und zugehörigen digitalen Zertifikaten arbeitete [Schm09a; S.148]. Die eGK ist inzwischen „eines der umfangreichsten IT-Projekte aller Zeiten" [Schm09a; S.149], deren unvollständige Spezifikation bislang 7000 Seiten umfasst. Die Einführung zum 1.1.2006 wurde verfehlt, startete nun aber zum 1.10.2009 in einigen Bundesländern, sodass noch keine fundierten Erfahrungen vorliegen.

Neben der verpflichtenden Funktion der elektronischen Verwaltung bürokratischer Vorgänge werden folgende Nutzungsarten freiwillig sein: Erstens der Elektronische Notfallausweis, der Rettungskräften wichtige Informationen für die Erstversorgung wie zum Beispiel Vorerkrankungen, Medikation, Allergien und so weiter bereitstellt und dessen Informationen selbstverständlich nicht durch eine PIN geschützt sein dürfen, weshalb sie nur von Ärzten und bestimmten weiteren Personen (z.B. Rettungsassistent) mit einem dafür freigeschalteten Heilberufsausweis abrufbar sind. Im normalen und nicht-kritischen Versorgungsfall muss der Patient vor dem Auslesen seine PIN eingeben. Zweitens die elektronische Patientenakte, bei der Daten wie Untersuchungsergebnisse, Röntgenbilder und noch vieles mehr gespeichert werden können und deren Abruf aus einer zentralen Datenbank über die eGK autorisiert wird. Der Patient hat lesenden Zugriff, der Inhaber eines Heilberufsausweises hat außerdem auch schreibenden Zugriff. Drittens können bisher analoge Funktionen wie der Arztbrief, Patientenquittungen, Rezepte oder die Signatur mit Hilfe der eGK digital abgewickelt werden. Nicht zuletzt soll der Patient auch in einem eigens dafür vorgesehenen Bereich eigene Daten wie z.B. selbst gemessene Blutzuckerwerte ablegen können.

Zur Technik der eGK ist bemerkenswert, dass sie kontaktbehaftet ausgeführt ist und auf einem ISO/IEC-7816-4-Betriebssystem basiert. Der Speicherplatz auf dem Chip ist mit 32 KByte relativ knapp bemessen, reicht aber aus, da die meisten Daten ohnehin online gespeichert werden. Die Essenz der „Gesamtarchitektur" [Gema08] besagt, dass die eGK mit mehreren Kryptografiefunktionen ausgestattet ist und dafür sieben private Schlüssel mit jeweils zugehörigen digitalen Zertifikaten verwendet. Das Verfahren dafür ist zunächst das sogenannte RSA mit einer Schlüssellänge von 2048 Bit. Laut Spezifikation sollen Verfahren auf Basis elliptischer Kurven (ECC-Verfahren) sowie für die symmetrische Verschlüsselung Triple-DES und nicht zuletzt als Hashfunktion SHA-2 später eingeführt werden und RSA ersetzen.

Für die Telematik-Infrastruktur kommt auf Grund der Komplexität des Systems eine dreischichtige Client-Middleware-Server-Architektur zur Anwendung, da sie leichter skalierbar und deutlich leistungsfähiger ist als eine zweischichtige Client-Server-Architektur. Sie besteht im Wesentlichen aus

1. den *Client-Komponenten*, also den dezentralen Konnektoren der Karten bei Ärzten, Krankenhäusern und so weiter, sowie dem Zugangsgateway für die Versicherten, die über das Zugangsnetz mit
2. der *Middleware* mit den VPN- und Anwendungsgateways, die über das Frontend-Netz miteinander verbunden sind und über das Backend-Netz mit den
3. *Server-Komponenten*, also den Fachdiensten, verbunden sind. [Gema08; S.28ff.]

Außerdem ist eine mit sechs unterschiedlichen Zertifikatstypen mit jeweils eigenen Zertifizierungsstellen umfangreiche Public-Key-Infrastructure (PKI) vorgesehen [NaFS08]. Es ist eine „eGK mobil" geplant, bei der die eGK in die SIM-Karte eines Mobiltelefons integriert werden soll, um somit die immer populärer werdende Nutzung des Handys als Smartcard zu nutzen um die eGK mit ihren vielfältigen Anwendungsmöglichkeiten zu etablieren. Vorreiter dieser Technologie ist der Mobilfunkanbieter Vodafone.

1.2.4 Elektronischer Reisepass (ePass)

Der elektronische Reisepass (kurz: ePass), der bereits seit 2005 in Deutschland im Einsatz ist und der elektronische Personalausweis (kurz: ePA) sollen eine flächendeckende Infrastruktur bilden, die jeden Bundesbürger mit einer elektronischen Identität versorgt. Dabei dient der ePass ausschließlich der hoheitlichen Kontrolle, während der ePA auch über weitere Funktionen verfügt [Ecke08; S.1]. Spätestens nach den Terroranschlägen vom 11. September 2001 wurde vor allem aus den USA der Ruf nach Reisedokumenten mit noch höherer Sicherheit laut. Besonders Datenschützer bemängeln, dass die elektronischen Reisedokumente keinen nennenswert besseren Schutz vor Terror bieten würden als die alten Reisepässe, denn tatsächlich ist bis heute „[...] kein Terrorakt bekannt, in dem ein gefälschter deutscher Reisepass zum Einsatz kam" [Schm09a; S.145]. Wesentliches Merkmal des ePAss ist ein integrierter passiver RFID-Chip nach ISO 14443[6], der unter anderem neben den persönlichen Daten auch biometrische Daten (Fingerabdrücke) speichert [Ecke08]; S.2] und im Nahfeldbereich von ca. 10-20 cm kontaktlos ausgelesen werden kann. Auf die umfangreichen Sicherheitsmechanismen soll hier nicht weiter eingegangen werden, da sie teils schon durch neuere Mechanismen, die auch im ePA verwendet werden, abgelöst wurden. Insgesamt sind sich die Mechanismen ähnlich, mit dem wesentlichen Unterschied der möglichen Verwendung von privaten Schlüsseln für die erweiterten

---

[6] In deutschen Reisepässen kommen folgende Chips zum Einsatz: SmartMX von NXP der Firmen NXP Semiconductors mit Typ A (72 kB) und von Infineon Typ B (64 kB). Die Hardware des SmartMX ist vom BSI nach EAL 5+ zertifiziert. Auch der Infineon-Chip SLE66CLX641P/m1522-a11 ist vom BSI zertifiziert. Vergleiche [Ecke08]; S.4]

Funktionen beim ePA, die beim ePass aufgrund der ausschließlicher Verwendung der hoheitlichen Identifikation nicht erforderlich sind.

1.3 Elektronischer Personalausweis in Deutschland (ePA)

In diesem Kapitel soll der elektronische Personalausweis (ePA) in Deutschland beschrieben werden. Es geht dabei insbesondere um den Umfang der Funktionalitäten sowie die Sicherheitstechnik des Ausweises.

Um die langjährig bewährten Funktionen des Personalausweises der Prüfung von Identität, Alter und persönlichen Daten über eine optische Sichtkontrolle um eine einheitliche und flächendeckende Infrastruktur zur elektronischen Prüfung der Identität eines jeden Bundesbürgers zu erweitern, wird nach dem elektronischen Reisepass (ePass) nun ab dem 1. November 2011 [Besc09; S.2] auch ein elektronischer Personalausweis (ePA) in Deutschland eingeführt [BMI09a]. Der ePA vereint im Wesentlichen die drei Funktionsbereiche der

1. *hoheitlichen Ausweisfunktion*, die um biometrische Daten erweitert wird, der
2. *elektronischen Identifizierungsfunktion*, die eine „verbindliche elektronische Übermittlung von Identitätsmerkmalen (ohne biometrische Daten) in Online-Anwendungen und in lokalen Verarbeitungsprozessen" [Bund08; S.1], also auch im Bereich von eGovernance- und eBusiness-Bereicher ermöglicht, sowie der
3. Funktionalität der *qualifizierten elektronischen Signatur*, die den Personalausweis als „[...] einheitliches Werkzeug für verschiedene Formen verbindlichen, identitätsrelevanten Handelns im elektronischen Rechtsverkehr" [Bund08; S.1] verwendbar machen wird.

Weitere Anwendungen dürfen sich nicht auf dem Chip befinden und auch nicht nachgeladen werden [Ecke08; S.29]. Offensichtlich ist, dass mit der Funktionserweiterung neben den enormen Vorteilen auch Risiken, insbesondere beim Datenschutz einhergehen [WSNB08].

Besonders interessant für diese Arbeit ist die Funktion der eID mit der Möglichkeit der gegenseitigen Online-Authentisierung zwischen User und Dienstanbieter. Dabei ist es zertifizierten Dienstanbietern unter der Kontrolle des Inhabers möglich, auf sichere Art und Weise auf bestimmte im Chip des Personalausweises gespeicherte Daten zuzugreifen. Mittels dieser Methode erschließen sich vielfältige Anwendungsgebiete, bei denen eine Identifikation von zwei in elektronischer Korrespondenz befindlichen Parteien unabdingbar ist. Daneben ist auch die Signatur-Funktion interessant, die zum Beispiel in allen Bereichen Anwendung finden kann, in denen heute im analogen Dokumentenverkehr die eigenhändige Unterschrift verwendet wird. Die Dokumente müssten dazu natürlich elektronisch vorliegen, was jedoch zusätzlich noch Porto- und Druckkosten sparen könnte.

Bezüglich Praktikabilität und Akzeptanz durch den Bundesbürger als Benutzer des ePA sind bis jetzt noch keine Informationen vorhanden. Ein durch das „Kompetenzzentrum Elektronischer Personalausweis"[7] zentral koordinierter Anwendungstest startete bereits zum 1. Oktober 2009, bei dem hardwareseitig die Testkarten und Lesegeräte und softwareseitig die eID- und die Signaturfunktion „in möglichst allen Facetten durchgespielt" werden [CCEP09]. Informationen zu verwendeten Geräten oder gar ersten Erkenntnissen konnten trotz mehrfacher telefonischer Nachfragen beim CCePA nicht in Erfahrung gebracht werden. Erste Ergebnisse – sowohl hinsichtlich zum ePA kompatibler Produkte als auch Anwendungstests – werden Ende des ersten Quartals 2010 erwartet. Auflistungen der teilnehmenden Firmen und deren Branchen finden sich in [Beus09].

Im Folgenden sollen die technischen Spezifikationen sowie die besonderen Anforderungen an die Sicherheit des ePA beschrieben werden:

Bestimmendes Merkmal des ePA, der vom DIN-A7-Format auf das Scheckkartenformat (Formfaktor ID-1) [Pohl09] verkleinert wird, ist die Integration eines passiven RFID-Chips nach ISO 14443 [ISO08], der mit der bereits existierenden Kontrollinfrastruktur des ePasses kompatibel sein soll. Er wird — wie auch beim ePass — in eine auf der Rückseite aufgedruckten MRZ (Machine Readable Zone, Maschinenauslesbarer Bereich) [BSI09b] und einen nicht auslesbaren Speicher unterteilt sein [Ecke08; S.13]. Um alle Vorteile einer Ein-Chip-Lösung zu vereinen, wird der ePA nur diesen einzigen kontaktlos auslesbaren Chip besitzen, auf dem alle Daten für Identitätsprüfung und Signatur enthalten sind [BMI08a; S.57]. Zusätzlich besitzt er einen kryptografischen Koprozessor (in Ergänzung zum Prozessor des Lesegerätes) [Ecke08; S.2], der den Ausweis zur Smartcard macht.

Abb. 3 Vorderseite [BSI09f]   Abb. 2 Rückseite [BSI09g]

[7] www.ccepa.de

1.3.1   eID-Funktion

Die eID-Funktion des ePA dient zum Nachweis der digitalen Identität. Sie ist die vielseitigste Anwendung des ePA. Die Daten, die auf dem RFID-Chip gespeichert sind, können für eine Online-Authentifizierung verwendet werden, die einen Benutzer für sichere Geschäftsprozesse sowohl mit staatlicher Verwaltung als auch mit der Privatwirtschaft akzeptabel macht. Die eID-Funktion soll optional sein, d.h. der Inhaber des Ausweises kann jederzeit entscheiden, ob er diese Funktion durch die Personalausweisbehörde reversibel freischalten lassen will oder nicht („opt-in und „opt-out") [BMI08a; S.62]. Die biometrischen Daten stehen aber in jedem Fall nur für hoheitliche Kontrollen zur Verfügung und sind nicht über die eID-Funktion verfügbar. Für die eID-Funktion werden lediglich persönliche Daten wie Name, Wohnort und Ablaufdatum verwendet [Schm09a; S.142]. Bevor solche Daten jedoch zum Dienstanbieter übertragen werden, soll in der Anwendung abgefragt werden, welche Daten der Benutzer übermitteln will. Dies bestätigt er für jeden Datenblock einzeln durch Ankreuzen entsprechender Felder und einer abschließend einzugebenden 6-stelligen PIN [Ecke08; S.26], was den Vorgaben der qualifizierten elektronischen Signatur entspricht.

Damit wird aus Perspektive der Sicherheit dem bewährten Verfahren der Kombination von Wissen (PIN) und Besitz (Ausweis/RFID-Chip) Rechnung getragen [BMI08a; S.56], was besonders für den Fall des Diebstahls oder bei sonstigem Verlust relevant ist. Im Falle der hoheitlichen Kontrolle müssen die Daten jedoch teilweise auch ohne die Eingabe der PIN auslesbar sein. Deshalb wird in diesem Fall für den Verbindungsaufbau nicht das PACE-Protokoll (siehe Kapitel 1.3.3.2) sondern die MRZ oder die aufgedruckte Karten-PIN genutzt. Über eine entsprechende Zertifizierung wird die Berechtigung des Lesegerätes sichergestellt [BKMN08; S.175]. Die Daten dieser Funktion sind nicht digital signiert, es wird also keine statische Datenauthentifizierung (Static Data Authentification, SDA)[8] betrieben. Damit sollen zwei Probleme umgangen werden: Zum einen ließe sich die Wohnadresse in der Praxis nicht leicht genug ändern, zum anderen soll damit das Fremdprüfungsproblem[9] und das Klonen des Ausweises verhindert werden [Schm09a; S.142]. Aus diesem Grunde wird die dynamische Datenauthentifizierung (Dynamic Data Authentification, DDA) verwendet, bei dem ein Challenge-Response-Verfahren angewendet wird, das über einen asymmetrischen Algorithmus realisiert wird. Dessen privater Schlüssel ist nicht auslesbar auf dem Chip des Ausweises gespeichert [Schm09a; S.72].

---

[8] SDA (Static Data Authentification): stellt sicher, dass die Daten eines Speicherchips oder eines Smartcard-Chips nicht manipuliert, also echt sind. Kopieren der Daten ist jedoch ohne Weiteres möglich, sodass ein Klonen des Ausweises nicht ausgeschlossen ist [Schm09a; S.71ff.].

[9] Fremdprüfungsproblem: bei der SDA kann praktisch jeder die *Echtheit* der Daten des Speicherchips prüfen. Sollten diese Daten aber einmal bekannt werden, so wäre neben den Daten zusätzlich auch noch ein Echtheitszertifikat in Form der Signatur bekannt. Vergleiche [Schm09a; S.72]

1.3.2 Qualifizierte Signatur

Mittels dieser Funktion, die als „opt-in" Funktion realisiert sein soll, wird es möglich sein, die für bestimmte Geschäfte erforderliche eigenhändige Unterschrift durch eine elektronische qualifizierte Signatur[10] (im Gegensatz zur einfachen Signatur) zu ersetzen. Auch diese Funktion ist optional, das heißt, der Inhaber des Ausweises entscheidet selbst, ob er ein gegebenenfalls erforderliches Zertifikat auf den Chip des Ausweises laden möchte. Um sie freizuschalten, muss sich der Nutzer an ein öffentliches Trust-Center wenden (Personalausweisbehörde), die den MRTD-Chip dann mit einem Schlüssel und einem zugehörigen Zertifikat nach dem X.509-Standard ausstattet [Schm09a; S.142]. Weitere Signaturzertifikate sollen dann vom Inhaber des Personalausweises in eigener Verantwortung und auf eigene Kosten durch ein Trust-Center seiner Wahl, also auch kommerzielle Unternehmen, nachgeladen werden können [BMI08a; S.63]. Für die Funktion der qualifizierten Signatur muss der Chip alle Anforderungen einer sicheren Signaturerstellungseinheit (SSE) erfüllen, zum Beispiel müssen alle Signaturerstellungsdaten (private Schlüssel) sicher in einem einzigen Gerät, das ausschließlich diesem Zweck dient (hier dem Chip), gespeichert werden und dürfen dieses nie verlassen [BMJ01]). Folglich muss die Signatur direkt auf dem Chip erstellt werden, nachdem dieser durch die PIN die Freigabe dazu erhalten hat.

1.3.3 Sicherheit des ePA

Im Interesse der Sicherheit aller an einer Identifikation beziehungsweise Authentifizierung beteiligten Parteien sind folgende Kriterien einzuhalten: ein Online-Dienstanbieter muss prüfen können, ob der Nutzer des ePA auch dessen berechtigter Inhaber ist, also ob der Nutzer vor dem Rechner auch derjenige ist, für den er sich ausgibt. Weiterhin muss dies auch in umgekehrter Richtung gelten, denn auch der Nutzer hat ein hohes Interesse daran, die Echtheit des Anbieters zu prüfen. Zudem ist sicherzustellen, dass Datenschutz gewährleistet ist, also nur für diesen Vorgang erforderlichen Daten sicher übertragen werden und dass die Privatsphäre des Nutzers unangetastet bleibt, indem keine Bewegungs- und Nutzungsprofile des Ausweises erstellt werden können.

Diese Anforderungen werden im Wesentlichen über zwei Verfahren realisiert: PACE und EAC, die in den folgenden beiden Abschnitten erläutert werden.

1.3.3.1 EAC

„*Extended Access Control* (EAC, Erweiterte Zugangskontrolle) beinhaltet verschiedene Protokolle, die, je nach dem welches elektronische Ausweisdokument gelesen werden soll, in einer bestimmten Reihenfolge durchgeführt werden [BSI09c]." Dieses

---

[10] Nach EG-Richtlinie 1999/93/EG (auch bekannt als „Signaturrichtlinie")

Verfahren ist bereits vom ePass bekannt und besteht aus Chip-Authentisierung[11], Terminal-Authentisierung[12] und passiver Authentisierung[13] sowie beim ePA aus dem PACE [BKMN08; S.174]. Die Reihenfolge soll hier nicht näher betrachtet werden. Interessant ist jedoch das PACE-Verfahren, da es in jüngster Zeit vom BSI entwickelt wurde und für den ePA eingesetzt werden soll.

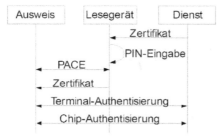

Abb. 4 Grafische Veranschaulichung der Zugriffskontrolle, [BKMN08; Seite 174]

1.3.3.2   PACE (Password Authenticated Connection Establishment)

PACE ist ein kryptografisches Protokoll und dient dem initialen Aufbau einer sicheren Verbindung zwischen Terminal (Lesegerät) und Chip des MRTD [BSI09d; S.30]. Es soll beim ePA anstelle des BAC (Basic Access Control) des ePasses eingesetzt werden [Ecke08; S.4]. PACE basiert auf elliptischen Kurven (ECDH, ECDSA; vergleiche [BSI09e]) und einem gemeinsamen Passwort π wie zum Beispiel der oben erwähnten PIN (oder einer Card Access Number CAN, auf Dokument aufgedruckt) und soll beim ePA das beim ePass verwendete BAC-Verfahren (Basic Access Control) ersetzen. Wesentlicher Unterschied zwischen PACE und BAC ist, dass ersteres mehrere Passwörter unterstützt, die zusätzlich auch dynamisch sin [Ecke08; S.29]. Da kontaktlose Auslesungen von Daten anfällig für DoS-Angriffe (Denial of Service) auf die geheime PIN sind, obwohl auf Grund der verwendeten Technologie (NFC, siehe Kapitel 1.4**Fehler! erweisquelle konnte nicht gefunden werden.**) eine physische Nähe von ca. 10 cm für einen Angriff erforderlich wäre, verwendet PACE zur Abschwächung solcher Angriffe das Konzept des verzögerten Blockierens. Es ist im Folgenden grafisch dargestellt und verifiziert, dass nach zwei erfolglosen Eingabeversuchen der berechtigte

---

[11] Aktive Chip-Authentisierung, CA: der Chip authentisiert sich über ein Challenge-Response-Verfahren (asymmetrisch) gegenüber dem Lesegerät.

[12] Terminal-Authentisierung, TA: Das Lesegerät muss sich über ein gültiges Zertifikat authentifizieren, vgl. [Ecke08; S.7]

[13] Passive Authentisierung: Die Echtheit der Daten des Chips können über den Vergleich des Hash-Wertes der Daten mit dem Inhalt der sogenannten DSO (Document Security Objekt, hier sind die Hash-Werte gesondert gespeichert) vergleichen und so die Fälschungssicherheit erhöhen, vgl. [Ecke08; S.5f.]

Besitz der Karte durch die Eingabe eines PUKs[14] (Karten-PIN) nachgewiesen wird, wodurch dann ein weiterer Versuch der PIN-Eingabe möglich ist, bevor die eID-Funktion bei erneuter Falscheingabe gesperrt wird:

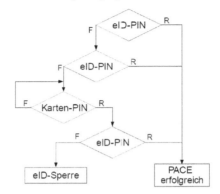

Abb. 5 F= Falsche Eingabe; R= Richtige Eingabe [BKMN08; S.177]

1.3.3.2.1 Protokoll von PACE, [BSI09d; S.31]

Auf Basis des weiter unten erläuterten Diffie-Hellmann-Verfahrens (siehe Kapitel 1.3.3.3) wird ein gemeinsamer Schlüssel für die Kommunikation zwischen Chip und Lesegerät bestimmt. Dabei wird das Passwort (PIN bei eID beziehungsweise aufgedruckte Karten-PIN bei hoheitlicher Kontrolle) für die Verschlüsselung der durch den Chip pseudozufällig gewählten Zufallszahl verwendet. Um diese Zufallszahl entschlüsseln zu können, ist im Lesegerät die Eingabe des PINs erforderlich, bei falscher oder keiner Eingabe schlägt das PACE-Protokoll fehl. Das PACE-Protokoll umfasst im Einzelnen folgende Schritte:

1. Der MRTD-Chip (PICC) wählt zufällig eine Nonce[15] s und verschlüsselt sie zum Kryptotext $z = E(K(\pi), s)$, der aus dem bekannten PIN π abgeleitet wird und überträgt ihn zusammen mit den DH[16]-Parametern D_{PICC} zum Lesegerät (PCD). Dem Lesegerät ist die PIN bekannt, entweder, weil es als statischer PIN aus der MRZ des Chips extrahiert oder durch den Benutzer am Lesegerät eingegeben wurde.
2. Das Lesegerät entschlüsselt den Kryptotext: $s = F(E, K(\pi))$, indem es vorher den Schlüssel $K(\pi)$ aus π ableitet.
3. Es schließen folgende Schritte des MRTC-Chips und des Lesegeräts an:

---

[14] PUK: Personal Unblocking Key
[15] „number used once"; Zahlen- oder Buchstabenkombination die ad hoc zufällig erzeugt und nach einmaliger Verwendung verworfen wird
[16] Diffie-Hellmann; siehe Kapitel 1.3.3.3

a. Beide generieren jeweils ephemerale[17] DH-Schlüsselpaare

$$\tilde{D} = Map(\,D_{PICC}, s).$$

b. Es werden die jeweils bekannten DH-Schlüssel ausgetauscht, woraus sich der gemeinsame und geheime Schlüssel

$$K = KA\big(\widetilde{SK_{PICC}}, \widetilde{PK_{PCD}}, \tilde{D}\big) = KA\big(\widetilde{SK_{PCD}}, \widetilde{PK_{PICC}}, \tilde{D}\big)$$

bestimmt.

c. Daraus werden ein Integritätsschlüssel K_{MAC} und ein Sitzungsschlüssel K_{Enc} abgeleitet.

d. Beide erzeugen je ein Authentifizierungstoken

$$T_{PCD} = MAC(K_{MAC}, (\widetilde{PK_{PICC}}, \tilde{D})) \text{ und}$$
$$T_{PICC} = MAC(K_{MAC}, (\widetilde{PK_{PCD}}, \tilde{D})).$$

e. Sie prüfen diesen MAC[18]. Anschließend verwenden sie die neuen Schlüssel für die nachfolgende sichere Übertragung.

Wichtiger Bestandteil des PACE ist die asymmetrischer Verschlüsselung, weshalb kurz auf die grundlegende Idee des Diffie-Hellmann-Schlüsselaustausch als eines der beiden großen Standbeine (neben dem RSA-Verfahren, das hier aus Platzgründen nicht behandelt werden soll) der asymmetrischen Verschlüsselung eingegangen werden soll.

1.3.3.3 Diffie-Hellmann-Schüsselaustausch

Der Diffie-Hellmann-Schüsselaustausch ist ein Protokoll der Kryptografie, das die asymmetrische Verschlüsselung historisch begründet. Es wurde erstmals 1976 in der Forschungsarbeit „New Directions in Cryptographie" [DiHe76] von Whitfield Diffie und Martin Hellmann publiziert. Dieses asymmetrische Kryptosystem basiert auf der Unlösbarkeit des diskreten Logarithmus („Einwegfunktion") für hinreichend große Zahlen und wird insbesondere verwendet um das Schlüsselaustauschproblem zu lösen. Nach dem Schlüsselaustausch können verschlüsselte Nachrichten mittels eines (gegenüber eines asymmetrischen deutlich schnelleren) symmetrischen Kryptografiesystems übermittelt werden. Es funktioniert wie im Folgenden dargelegt: Zwei Kommunikationspartner Alice und Bob besitzen eine beliebige Primzahl p und eine natürlichen Zahl g mit $2 \leq g \leq p - 2$, die öffentlich bekannt sein dürfen. Sie wählen dann jeweils eine geheime Zufallszahl $x < p$ und $y < p$, die beide für sich behalten. Anschließend beginnt folgender Ablauf:

1. Alice berechnet $A = g^x \,(mod\, p)$ und schickt A an Bob.
2. Bob berechnet $B = g^y \,(mod\, p)$ und schickt B an Alice.
3. Alice berechnet $k_1 = b^x (mod\, p)$
4. Bob berechnet $k_2 = a^y (mod\, p)$. Es gilt $k_1 = k_2 =: k$.

---

[17] D.h. flüchtige

[18] **M**essage **A**uthenticity **C**ode; Algorithmus zur Generierung einer schlüsselabhängigen Prüfsumme, dient dazu, unbemerkte Veränderungen an Daten erkennbar zu machen; vgl. [Schm09a; S.29]

k kann nun als gemeinsamer Schlüssel verwendet werden, denn für die Abhören und Entschlüsseln von Nachrichten zwischen Alice und Bob müsste der nach heutigem Kenntnisstand nicht lösbare diskrete Logarithmus für größere Zahlen gelöst werden. Das heißt, dass eine 128-bit Zahl k relativ gefahrlos für eine symmetrische Verschlüsselung verwendet werden kann [Schm09b; S.161f.]. Aber auch größere Zahlen werden heutzutage bei der Verschlüsselung eingesetzt. Schwachstelle des DH-Schlüssels ist, dass er nicht mehr sicher ist, sobald übermittelte Nachrichten durch einen Dritten veränderbar sind (Man-in-the-middle-Attacken, kurz MITM). Durch den Einsatz einer Public-Key-Infrastruktur (PKI) kann dies jedoch leicht verhindert werden. [Schm09b; S.163]

1.3.4 PKI und ePA

Das für die sichere Nutzung des ePA mit der eID-Funktion ist eine Public-Key-Infrastruktur (PKI) notwendig. Sie ist ähnlich der existierenden des ePass geplant und soll in die vorhandene PKI integriert werden [Ecke08; S.38], weshalb diese hier beschrieben werden soll. EAC, das einen stärkeren Schutz als BAC liefert, erfordert eine Terminal-Authentifizierung des auf den Chip zugreifenden Lesegerätes. Hierfür benötigt das Lesegerät ein Berechtigungszertifikat, das die Zugriffsrechte auf den Ausweis bestimmt. Außerdem muss der Ausweis mit einer Reihe von Zertifikaten ausgestattet sein, die das Berechtigungszertifikat des Lesegerätes validieren können [Ecke08; S.17f.]. Dies ist nur mit Hilfe einer umfassenden PKI möglich, die für den Zweck der hoheitlichen Kontrolle sogar grenzübergreifend sein muss.

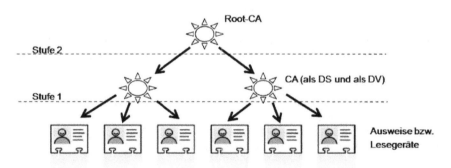

Abb. 6 Struktur der PKI für den ePA in Deutschland

Um ein Zertifikat mit einem Ausweis nutzen zu können, ist die gesamte Zertifikatskette bis zur Root-CA (Certification Authority) erforderlich, die vom BSI betrieben wird. Die Document-Signer(DS)-Ebene wird durch die Bundesdruckerei als Hersteller der Ausweise repräsentiert; die Document-Verifier(DV) sind die Lesegeräte und Dienste sowohl aus kommerziellem Bereich als auch des eGovernments. Berechtigungszertifikate für Dienstanbieter werden von staatlicher Stelle auf Antrag vergeben.

Ein wesentlicher Nachteil einer asymmetrischen Verschlüsselung ist, dass sie deutlich langsamer ist als eine symmetrische. Deshalb wird meist hybride Verschlüsselung eingesetzt, bei der nur die für die symmetrische Verschlüsselung verwendeten Schlüssel asymmetrisch verschlüsselt werden, die Nachricht selbst hingegen wird dann symmetrisch verschlüsselt. Die asymmetrische Verschlüsselung mit öffentlichen Schlüsseln hat den Vorteil, dass diese gefahrlos über eine unsichere Verbindung übermittelt werden können. Dennoch bleiben Nachteile, da der Schlüssel selbst zunächst nur eine Abfolge von Zeichen ohne weitere Zusatzinformationen ist: So ist nicht zu erkennen, wie lange der öffentliche Schlüssel gültig ist, wem er gehört, wer der Urheber ist und welchen Zweck er erfüllen soll – was insbesondere dazu führt, dass ein Angreifer seinen Schlüssel als den einer anderen Person ausgeben kann. Insbesondere bei großen Nutzergruppen kann dies relevant werden [Schm09a; S.82]. Abhilfe kann eine digitale Signatur schaffen, die neben dem Schlüssel auch den Benutzernamen und nach Bedarf weitere Datensätze enthalten kann und durch eine Prüfsumme zertifiziert (beglaubigt) wird. Dies nennt sich dann (digitales) Zertifikat. [Schm09b; S.443f.]

1.3.4.1.1 Digitale Zertifikate

Die wichtigste Frage bei der Zertifizierung lautet, wer — also welche Zertifizierungsstelle CA — die Berechtigung besitzt, ein Zertifikat auszustellen. Hierfür gibt es diverse Modelle, von denen das für den ePA angewandte untersucht werden soll. Wesentliches Merkmal der PKI für Ausweisdokumente wie den ePA ist die Internationalität, weshalb auch eine länderübergreifende Zertifizierung notwendig ist. Es wird deshalb (in jedem Land) eine bislang ausnahmslos zweistufige Dokumenten-PKI aufgebaut (vergleiche Abb. 6, Seite 18). Sie besteht aus der Wurzel-Instanz (Root-Certification-Authority; Root-CA), repräsentiert durch die CSCA (Country Signing Certification Authority, in Deutschland durch das BSI betrieben), sowie der darauf folgenden Document Signer-Ebene (DS), in Deutschland durch die Bundesdruckerei verkörpert [Ecke08; S.19]. Neben diesen Signer-Instanzen gibt es weiter die Verifier-Instanzen (Country Verifying Certification Authority, CVCA sowie die untergeordneten Document Verifyer, DV), die für das angewendete Verfahren der Terminal-Authentisierung notwendig sind. Sie dienen der Verifizierung der Zertifikate der Lesegeräte und zur Festlegung der Leserechte. Da der ePA im Gegensatz zum ePass auch für Online-Authentisierung verwendet wird, ist die Gegenstelle der Kommunikation a priori nicht vertrauenswürdig, weshalb alle Daten durch die Terminal-Authentisierung geschützt werden [BKMN08; S.175]. CVCA und CSCA können wie in Deutschland die gleiche Instanz sein, müssen aber für die beiden Vorgänge unterschiedliche Schlüssel verwenden [Ecke08; S.19].

Bei derart umfangreichen Nutzergruppen, wie sie bei Nutzung von ePass und ePA auftreten, ist ein hohes Maß an Standardisierung notwendig. Einer der wichtigsten Standards für PKIs trägt den Namen ITU-T X.509 (auch verkürzt: X.509) [Schm09a; S.34]. Von diesem dreiteiligen Standard ist nur der dritte Teil von praktischer Relevanz, der Formate für Sperrlisten und digitale Zertifikate beschreibt. Weiter ist für PKIs der sogenannte PKIX-Standard (Public Key Infrastructure X.509) besonders wichtig. Für die hohen Anforderungen des deutschen Signaturgesetzes [BMJ01b] kommt jedoch ausschließlich der vom BSI entwickelte ISIS-MTT[19]-Standard in Frage, der Teile des PKIX verwendet, sich jedoch auch klar von diesem unterscheidet [Schm09b; S.504].

Sinn und Zweck einer PKI ist offensichtlich das Zertifikatemanagement, welches das Erstellen, Verwalten und Sperren von digitalen Zertifikaten umfasst. Besonders kritisch ist der Vorgang der Key-Recovery bei Verlust des privaten Passworts. Key-Recovery ist deshalb so kritisch, weil bei Verlust der Smartcard alle Daten unwiderruflich verloren wären, denn er schließt in der Regel auch den Verlust des privaten Schlüssels ein. Für den ePA ist hier das „Vergessen" der PIN mit hoheitlicher Anordnung auf (Wieder-)Herstellung der Daten vergleichbar. Es muss also auf eine Datenbank der CA zugegriffen werden, die die Schlüssel speichert. Sollte es aber Unbefugten gelingen, auf diese Datenbank zuzugreifen, würde die gesamte PKI in sich zusammen brechen [Schm09b; S.515], da die privaten Schlüssel bekannt würden. Dies ist natürlich inakzeptabel für ein System wie den ePass oder den ePA, weshalb Key-Recovery beziehungsweise die Speicherung der privaten Schlüssel außerhalb des

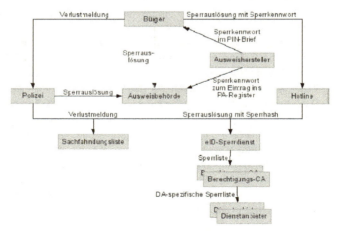

Abb. 7 Sperrung der eID-Funktion und des eID-PIN des ePA [BSI09h; S.27]

---

[19] ISIS: Industrial Signature Interoperability Specification; MTT: Mailtrust

Chips durch das Signaturgesetz verboten ist[20]. Bei Verlust der PIN wird diese gesperrt und anschließend postalisch durch eine neue ersetzt.

1.3.5 Anwendungsszenario des ePA zur Absicherung des mobilen Daten-zugriffs

Im Folgenden soll als konkretes Anwendungsszenario die Absicherung des Datenzugriffs mit mobilen Computern beschrieben werden, welches sich auf beliebige Anwendungen erweitern lässt.

Es werden folgende Annahmen getroffen:
1. Das mobile Endgerät befindet sich in Reichweite zu einem Internetzugang.
2. Bricht die Verdingung ab, muss individuell festgelegt werden, ob eine erneute
   Benutzeridentifikation erforderlich sein soll und wie mit den bereits übertrage-
   nen Daten vorgegangen werden soll.
3. Der ePA verhält sich hierbei wie ein Hardware-Token, dessen Besitz für den
   Datenzugriff erforderlich ist. Zusätzlich wird das Wissen um die korrekte PIN
   benötigt. Damit kommt eine sichere Zweifaktor-Identifikation zur Anwendung.
4. Bei jedem Kontakt des ePA mit dem Lesegerät des mobilen Endgerätes läuft
   der in diesem Kapitel beschriebene Verbindungsaufbau und die Identifikation
   des Nutzers statt. Je nach Anwendungsfall werden dazu unterschiedlich viele
   Daten übertragen. Hierauf soll auf Grund der Vielfältigkeit der Möglichkeiten
   nicht näher eingegangen werden.
5. Der Außendienstmitarbeiter wird zwecks besserer Anschaulichkeit eingeführt.
   Er repräsentiert sämtliche berechtigte Benutzer, die mobilen Zugriff auf beliebige zentral gespeicherte (Firmen-)Daten erhalten sollen, also auch Kunden,
   Lieferanten, Privatpersonen und so weiter.

Ein Außendienstmitarbeiter will auf sensible firmeninterne Daten zugreifen und gegebenenfalls auf sein mobiles Endgerät übertragen lassen und dort speichern. Bevor er
das Gerät verwenden kann, muss er seinen ePA in Reichweite des Lesegeräts am
mobilen Endgerät bringen. Erst dann wird der Anmeldungsdienst freigeschaltet, den
er durch die Eingabe einer korrekten PIN ausführen kann. Er hat nun Zugriff auf sein
Gerät und die gegebenenfalls sensiblen Daten, die auf diesem Gerät von vorherigen
Anwendungen gespeichert sein können. Nach einer bestimmten Inaktivitätsdauer
(typischerweise von ca. 10 bis 30 Minuten) des Nutzers sperrt sich das Gerät automatisch, wie es zum Beispiel vom Online-Banking her bekannt ist. Um es wieder freizuschalten, ist eine erneute Anmeldung mittels des ePA (und optional der PIN) notwendig. Je nach Anwendung kann es auch erforderlich sein, dass der ePA die gesamte Anwendungszeit in Reichweite ist.

---

[20] SigG §5 (4): „[...] Eine Speicherung von Signaturschlüsseln außerhalb der sicheren Signaturerstellungseinheit ist unzulässig."

Um nun auf weitere, auf dem zentralen Server gespeicherte Daten zugreifen zu können und diese sicher zu übertragen, soll eine sichere Netzwerkverbindung aufgebaut werden, die in unserem Falle durch eine VPN-Verbindung und symmetrische Verschlüsselung geschützt sein soll. Damit sichergestellt werden kann, dass der Nutzer am Endgerät auch die Berechtigung zum Aufbau dieser Verbindung besitzt, muss der ePA wieder in Reichweite gebracht werden und optional dessen rechtmäßiger Besitz über die Prüfung der PIN verifiziert werden. Nun besteht die sichere Verbindung zwischen Server und mobilem Endgerät und der Benutzer ist eindeutig identifiziert. Er kann nun auf die sensiblen Firmendaten zugreifen und je nach Berechtigung damit arbeiten.

Es wird deutlich, dass sich der ePA im Falle der Absicherung des Datenzugriffs mit mobilen Computern wie ein Hardware-Token verhält. *Es können sämtliche Anwendungsszenarien mit dem ePA realisiert werden, die auch mit solchen Tokens umgesetzt werden können,* vorausgesetzt, die Rechenleistung und Speicherkapazität des ePA wird nicht überfordert. Vorteil ist die voraussichtlich weite Verbreitung dieses speziellen Tokens mit dem gleichzeitigen Nachteil, dass die dafür erforderlichen Lesegeräte bisher kaum verbreitet sind.

1.4 RFID und NFC

In diesem Kapitel soll die den kontaktlos verwendbaren Ausweisdokumenten zu Grunde liegenden Technik der drahtlosen Übertragung von Daten im nahen Bereich beleuchtet werden. Dabei kommt die sogenannte RFID-Technologie zum Einsatz, die für die Ausweisdokumente in Form der NFC-Technologie realisiert ist.

1.4.1 RFID

Daten jeglicher Art lassen sich in digitaler Form technisch optimal auf einem Siliziumchip speichern, der bis vor einigen Jahren immer kontaktbehaftet und damit für viele Fälle unzweckmäßig war. Radio Frequency IDentification (RFID) ermöglicht es, Daten kontaktlos zwischen Chip (am zu identifizierenden Objekt oder Subjekt) und einem zugehörigen Lese- und Schreibgerät (meist stationär) auszutauschen, was den Anwendungshorizont erheblich vergrößert. RFID-Systeme existieren in diversen Varianten und auf verschiedensten Frequenzbändern, von denen sich 13,56 MHz als

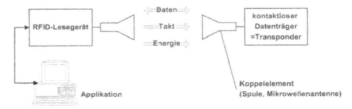

Abb. 8 Lesegerät und Transponder als Grundbestandteile eines jeden RFID-Systems vgl. [Fink08; S.7]

weltweiter Standard durchgesetzt hat [Hoef05; S.10]. Die Anwendungsmöglichkeiten von RFID sind äußerst vielfältig und erstrecken sich vom Öffentlichen Nahverkehr über kontaktlosen Zahlungsverkehr, Ski-Ticketing, Logistiksysteme, Tieridentifikation, elektronischer Wegfahrsperre, Waren- und Güteridentifikation bis hin zur Industrie-Automation, Standortbestimmung und medizinischen Anwendungen [Fink08; S.411ff.].

1.4.2 NFC

In den kontaktlos auslesbaren Ausweisdokumenten kommt NFC (kurz für Near Field Communication) für den Datenaustausch zum Einsatz. Sie ist vergleichbar mit einer drahtlosen Datenschnittstelle, wie man sie von der Infrarot- oder Bluetooth-Technologie kennt. Von der Technologie her und den Eigenschaften fällt sie jedoch eher in den Bereich der RFID-Technologie [Fink08; S.64f.], da sie auf ihr aufbaut. Wesentlicher Unterschied zu RFID aus Sicht der Informatik ist, dass NFC im Gegensatz zu RFID ein Peer-to-Peer-Protokoll unterstützt [Hoef05; S.23]. NFC wurde von der ehemaligen Philipps-Tochter NXP und Sony im Jahre 2002 entwickelt und standardisiert [CNF09]. Damit lassen sich zum Beispiel andere Verbindungen wie ein WLAN (Wireless Local Area Network) berührungslos, einfach und innerhalb weniger Sekunden konfigurieren. Es arbeitet mit dem sogenannten Half-Duplex-Verfahren (HDX), welches durch zeitlich versetzte Übertragungsrichtungen (serielles Verfahren, SEQ) gekennzeichnet ist [Fink08; S.43]. Es werden mehrere Protokolle unterstützt, von denen hier ISO 15693, ISO14443, Mifare und FeliCa genannt sein sollen [Kern07; S.209]. Zur Datenübertragung werden hochfrequente magnetische Wechselfelder im Frequenzband von 13,56 MHz verwendet (genau wie auch bei RFID), die eine maximale Datenübertragungsrate von momentan 424 Kbit/s ermöglichen, bei einer maximalen Reichweite von 10-20 Zentimetern [Fink08; S.65]. Vorbereitet wird momentan die Erweiterung auf 1 Mbit/s. Ein NFC-Interface besitzt sowohl einen Sender als auch einen Empfänger, die abwechselnd auf die Antenne geschaltet werden.

Eine Anwendung in Ausweisdokumenten ist möglich, weil die Antenne als relativ großflächige Spule bzw. Leiterschleife ausgeführt ist und in die Plastikkarte des Ausweisdokuments integriert werden kann. Besonders interessante Anwendungen sind aber auch beim Einsatz im Handy zu erwarten [NFC09], siehe Kapitel 1.4.2.2 und Kapitel 1.5. Für viele Anwendungen ist eine kleine Reichweite unter Umständen ein Nachteil, für das Auslesen von elektronischen Ausweisdokumenten ist es jedoch von großem Vorteil, dass die NFC-Technologie nur in sehr kleinen Entfernungsbereichen bis max. 20 cm arbeiten kann. Damit folgt sie menschlichen Verhaltensweisen, für die „physische Annäherung eine Basis für den Informationsaustausch ist" [WiRe06; S.2], womit eine besonders hohe Akzeptanz von NFC zu erwarten ist, da die „Human-Computer-Interaction" (HCI) drastisch vereinfacht, intuitiv beherrschbar wird und daher nicht erst erlernt werden muss. Damit schlägt sie besonders bei Anwendungen der Geschäftsabwicklung des täglichen Lebens den Nachteil der relativ geringen Übertragungsrate aus [WiRe06; S.3ff.].

In der NFC werden zwei Betriebsarten unterschieden: „active Mode" und „passive Mode". Wesentlicher Unterschied dieser beiden Betriebsarten ist, dass beim passive Mode das magnetische Wechselfeld H nach der Übertragung nicht abgeschaltet wird, sondern zwecks Stromversorgung des NFC-Targets (hier: Ausweisdokument, kontaktlose Chipkarte) durch den NFC-Initiator (hier: Lesegerät) erhalten wird. Nach der Kommunikationsaufnahme, die immer durch den NFC-Initiator mittels Modulation der Amplitude von H erfolgt, bleibt H also unmoduliert erhalten. Durch diese Stromversorgung ist eigene Rechenleistung im NFC-Target möglich. Über sogenannte Lastenmodulation[21] kann das Target nun Daten an den Initiator übertragen. Diese Option wird als „card mode" oder „card-emulation-mode" bezeichnet [Fink08; S.67].

NFC ist ein bedeutender Sicherheitsaspekt bei Ausweisdokumenten, denn bedingt durch die Tatsache, dass der Chip mit Energie versorgt werden muss und die Signale fehlerfrei detektiert werden müssen, können nur die oben beschriebenen geringen Entfernungen überbrückt werden. Ein Missbrauch aus größeren Entfernungen ist damit zumindest ausgeschlossen (da sich die benötigte Sendeleistung des Lesegeräts überproportional erhöhen müsste), wenn der Chip nicht durch eine ihm nahe Energiequelle versorgt wird. Wäre dies der Fall, könnte mit einer größeren Empfängerempfindlichkeit auch noch aus größeren Entfernungen quasi im Vorübergehen ausgelesen beziehungsweise „mitgehört" werden [Fink08; S.158f.], was dann von Seiten der Software verhindert werden muss. Unter Laborbedingungen sind auch Leseentfernungen von einigen Metern realisierbar, was aber in der Praxis keine Rolle spielt.

1.4.2.1 NFC - Stand der Technik

In diesem Kapitel soll kurz erwähnt werden, welche Geräte bereits die NFC-Technologie unterstützen. Da Geräte mit innovativer Technologie wie NFC einem großem Wandel durch Weiterentwicklung unterworfen sind, wird darauf nur kurz eingegangen.

Besonders interessant sind hierbei Handys als flächendeckend verbreitetes Gerät mit hoher Akzeptanz. Deshalb soll hier eine Auswahl an NFC-fähigen Handys aufgelistet sein:

---

[21] Ein resonanter Transponder entzieht H Energie, dadurch entstehen Rückwirkungen, die sich in Änderung der Impedanz Z und somit als Spannungsänderungen dU an der Antenne ablesen lassen. Dies entspricht einer Amplitudenmodulation A, weshalb durch das An- und Ausschalten des Lastwiderstandes in bestimmten Zeitabständen T Daten übertragen werden können. Man unterscheidet ohmsche (reelle) und kapazitive Lastmodulation. Vgl. [Fink08; S.107ff.]

- Benq T80 [Near09]
- LG 600V contactless [Gsma07]
- Motorola L7 (SLVR) [Near09]
- Nokia 3220 + NFC Shell [Noki04]
- Nokia 6131 NFC [Noki09c]
- Nokia 6212 Classic [Noki09b]
- Nokia 6216 Classic [Noki09a]
- SAGEM my700X Contactless [Gsma07]
- Samsung D500E [Near09]
- Samsung SGH-X700 NFC [NXP06]

Laut einer Studie von Strategic Analytics (vergleiche [Stra08]) sollen im Jahr 2012 bereits in jedem fünften Handy NFC-Chips integriert sein. Als besondere Hemmnisse in der schnellen Verbreitung der Technologie sehen die Analysten die momentan noch fehlende Verbreitung der Technologie sowie die ungeklärte Frage nach der Aufteilung der Erträge zwischen Dienstanbieter und den Herstellern der NFC-Technologie. Die Verbreitung der Technologie befindet sich also noch in den Anfängen, findet aber zum Beispiel in Projekten wie „Touch&Travel" der Deutsche Bahn AG[22] oder „PayezMobil"[23] bereits testweise Anwendung. Touch&Travel ist ein Mobiles Bezahl- und Informationssystem für Bahnreisende, das bereits die erste Pilotstufe, den Funktionstest, erfolgreich absolviert hat und nun in Testgebieten als optionales, alternatives System zur herkömmlichen Bahnfahrkarte eingesetzt wird, bei dem dem Kunden automatisch die günstigste Fahrkarte errechnet wird, einzelne Fahrten gegebenenfalls zu Tagestickets zusammengefasst werden und die Abrechnung monatlich erfolgt [DB09].

1.4.2.2   Klassifikation von NFC-Anwendungen:

Im folgenden Kapitel wird eine mögliche Klassifikation von NFC-Anwendungen dargestellt um die Anwendung der Technologie bei elektronischen Ausweisen besser einordnen zu können.

Im Gegensatz zu den RFID-Anwendungen mit teils relativ großen Entfernungen (mit aktiven Backscatter-Transpondern bis zu 15 Meter [Fink08; S.23]) sind die Anwendungen der NFC charakterisiert durch die erforderliche geringe Entfernung von Chip zu Lesegerät von maximal 20 cm. Sie lassen sich wie folgt klassifizieren (frei nach [Fink08; S.428f.):

---

[22] Vergleiche http://www.touchandtravel.de
[23] Vergleiche http://www.payezmobile.com/

1. Touch&Go: Das NFC-Device verhält sich hier wie eine kontaktlose Chipkarte und wird nur kurz am Lesegerät vorbeigeführt. Als Beispiel können hier dienen: Zutrittskontrollsysteme, Reportingsysteme in Logistik und Sicherheitstechnik.

2. Touch&Confirm: Hier muss das NFC-Device in der Regel solange in Reichweite bleiben, bis der Nutzer seine Zustimmung zur Interaktion durch z.b. eine PIN bestätigt hat und die Interaktion stattgefunden hat. Beispiele hierfür sind der mobile Zahlungsverkehr, aber auch alle Bereiche des Touch&Go, bei denen sichergestellt werden soll, dass das NFC-Device auch wirklich vom Nutzer selbst verwendet wird (Kombination von Wissen und Besitz), wie zum Beispiel einigen Anwendungen des ePA. Es ist aber auch denkbar, dass der Ausweis insbesondere bei einer hohen Sicherheitsstufe während der gesamten Anwendungszeit in Reichweite sein muss. Der Zugriff auf (zentral gespeicherte) Daten von einem mobilen Gerät aus wäre dann nach der Benutzeridentifikation für den initialen Zugriff nur so lange möglich, wie der Ausweis in Reichweite ist.

3. Touch&Capture: Für eine weiterführende Anwendung (Telefonieren, Abrufen einer Website) können Daten aus dem NFC-Device ausgelesen werden. Dies könnten zum Beispiel vielfältige Anwendungen im Bereich des Marketings sein (Transponder z.b. auf Werbeträgern). Auch hier ist nur ein kurzer Kontakt zwischen Lesegerät und NFC-Device erforderlich.

4. Touch&Connect: Eine Verbindung zwischen zwei elektronischen Geräten zur Übertragung von Daten, wie zum Beispiel Bildern, MP3-Dateien, Kontaktdaten, Kalender. Hier ist eine Unterschreitung der Reichweite während der gesamten Übertragung erforderlich.

5. Touch&Explore: Bei dieser Kategorie hat der Anwender die Möglichkeit, mit seinem NFC-Device neue Anwendungen intuitiv „zu entdecken und zu erforschen" [Pele06]

Alle oben genannten Bereiche lassen sich natürlich auch beliebig kombinieren. Für elektronische Ausweisdokumente wie den ePA kommen lediglich die ersten beiden Anwendungsbereiche Touch&Go und Touch&Confirm in Frage. Für die Absicherung mit der Arbeit mit mobilen Computern sind die elektronischen Ausweise (bzw. der ePA) also geeignet, für alle anderen müsste das NFC-Device weitere Funktionsmöglichkeiten bereitstellen. Das elektronische Ausweisdokument müsste in diesem Fall von dem mobilen Computer ausgelesen werden können, um dann die erweiterten Funktionsmöglichkeiten zu nutzen, die schon heute in moderne Smartphones oder Notebooks etc. integriert sind. Insbesondere für die Bereiche 3. bis 5. ist eine Anbindung an das Internet relevant, die in drahtloser Form die vielfältigsten Möglichkeiten eröffnet.

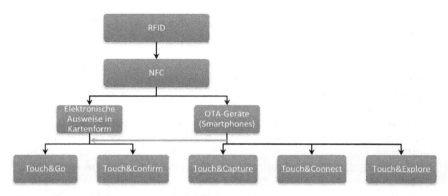

Abb. 9 Klassifikation von NFC-Anwendungen; der rote Pfeil verdeutlicht, dass Smartphones die Funktion elektronischer Ausweisdokumente theoretisch übernehmen könnten

1.5 Ausblick und Alternativen zu elektronischen Ausweisen in Kartenform

In diesem Kapitel wird beschrieben, welche weiteren Anwendungsmöglichkeiten die NFC-Technologie bieten kann und welche Konsequenzen dies für elektronische Ausweise in Kartenform haben kann.

Durch die NFC-Technologie hat eine Entwicklung weg von reinen Identifikationsanwendungen hin zu sogenannten RFDE-Anwendungen (Radio Frequency Data Exchange) begonnen [Kern07; S.211]. „Es zeichnet sich bereits deutlich ab, dass sich das Handy in Zukunft als *das* persönliche NFC-Gerät etablieren wird" [Fink08; S.429] – denn es wird von fast jedem Menschen ständig bei sich getragen. Technisch lassen sich damit alle elektronischen Ausweisdokumente auf ein Gerät vereinen. Wir bräuchten damit theoretisch keine Ausweise (eine Identifikation wäre über ein NFC-fähiges Mobiltelefon kein Problem), keine Geldbörsen (ein Mobiltelefon mit NFC könnte kontaktlose Kredit- und/oder Debitkarten simulieren) und so weiter mehr. Alles wäre vereint in einem Gerät, das man dann allerdings kaum noch „Mobiltelefon" sondern vielmehr „kompaktes mobiles Multifunktionsgerät mit Telefonfunktion" bezeichnen müsste. Besonders interessant ist die systemimmanente Anbindung des Handys an OTA-Dienste (OTA = Over The Air), bei denen in zunehmendem Maße auch größere Datenmengen keine Probleme mehr darstellen (GPRS, UMTS) [Fink08; S.430ff.].

Neben der Platzierung des Chips mit Ausweisdaten auf einer (quasi) zweidimensionalen Karte oder im Handy bieten sich weitere denkbare Alternativen. Hierzu zählen sogenannte Token-Ausweise, bei denen die MRTD-Chips in Armbanduhren, Schlüsselanhängern, USB-Sticks oder ähnlichen Gegenständen integriert werden. Von der Technologie unterscheidet sich dies nicht grundlegend, fraglich bleibt allerdings, inwieweit die Tokens als behördlicher Ausweis die gewünschte optische Identifikation möglich machen. Es gibt hier jedoch noch keine einheitliche Lösung, sodass wohl vorerst die Karten im Scheckkartenformat erhalten bleiben, da nur hier relativ leicht auch analog überprüft werden kann, ob der Inhaber zur Nutzung des Ausweises berechtigt ist.

Als weitere Alternative müssen in den menschlichen Körper implantierte Chips genannt werden, die jedoch besonders aus gesundheitlichen Gründen umstritten sind [Donn09]. Medizinisch-operativ ist dies kein Problem, auch die Auslesbarkeit ist denkbar einfach, da sie auch hier kontaktlos erfolgen kann. Der Vorteil der ständigen Verfügbarkeit am Subjekt wird aber auch hier durch die unmögliche optische Identifikation und damit der Prüfung der Fremdnutzung, die auch hier auf Grund der Einfachheit des operativen Eingriffs nicht ausgeschlossen werden kann, durch den Nachteil verhindert, dass die implantierten Chips zur Verhinderung der Fremdnutzung unweigerlich Biometrie nutzen müssten, die bisher nur eine geringe Akzeptanz in der Bevölkerung findet. Für andere Funktionen wie zum Beispiel der Ersatz der eGK ist die Implantation aber aus technischer Sicht eine gute Alternative, da sie für die Speicherung von medizinisch relevanten Notfalldaten oder Organspendedaten verwendet werden kann und immer am Patienten verfügbar ist.

Bleibt zuletzt noch die Frage zu klären, ob überhaupt ein Ausweis aus Plastik oder Papier zur Identifikation erforderlich ist. Ein elektronischer Ersatz ließe sich problemlos mittels eines sogenannten „virtuellen Ausweises" realisieren [Schm08a; S.97f.], bei dem die Ausweisdaten an einem beliebigen Ort gespeichert sind. In der Praxis schwierig zu klären ist die Frage nach der Überprüfung der Richtigkeit eines solchen „Ausweises", durch die eine fehlerfreie Identifikation möglich wird. Auch hier bietet sich die Biometrie an, die – sollte sie unerwünscht sein – zum Beispiel durch eine dynamische Datenauthentifizierung mit der Eingabe eines privaten Schlüssels umgangen werden könnte. Spätestens bei der Frage der Wiederherstellung des Schlüssels im Verlustfall werden deutliche Nachteile eines virtuellen Ausweises deutlich. Auch ließe sich eine digitale Signatur verwenden, bei deren Verwendung allerdings ein Gerät zum Auslesen der Ausweisdaten und der Überprüfung der Signatur erforderlich wäre. Virtuelle Ausweise sind (vor allem ohne Biometrie) wenig praktikabel, da man sie nur schwer als visuellen Ausweis verwenden kann.

1.6 Fazit und Bewertung

Elektronische Ausweise sind ein Schritt in die richtige Richtung, wenn es um die Absicherung des Datenzugriffs mit mobilen Computern geht. Technisch sind die Möglichkeiten vorhanden, einen MRTD-Chip in einen Ausweis zu integrieren und mit großer Sicherheit zu garantieren, dass die darauf gespeicherten Daten sicher vor unerlaubtem Zugriff, Manipulation oder Fremdnutzung sind. Die flächendeckende Einführung des ePA erlaubt insbesondere durch seine Signaturfunktion eine fortschrittliche Nutzung des Internets bei gleichzeitiger Erhöhung der Sicherheit – sowohl auf Seiten der Nutzer als auch auf Seiten der Dienstanbieter.

Insbesondere kann mit einem solchen elektronischen Ausweisdokument sichergestellt werden, dass der „richtige" Nutzer auf die „richtigen" Daten zugreift, da eine Fremdnutzung weitestgehend ausgeschlossen ist. Aus technischer Sicht ist ein elektronisches Ausweisdokument wie der ePA prinzipiell einem Hard-Token (im Gegensatz zum softwarebasierten Soft-Token) sehr ähnlich, es sind hier (abgesehen von der optischen Prüfung der Nutzungsberechtigung) keine technischen Vorteile zu nennen. Im Gegenteil, Tokens in Form eines USB-Sticks sind in ihren technischen Parametern deutlich leistungsfähiger. Es bleibt allerdings der Vorteil der flächendeckenden Verbreitung des ePA, sodass keine spezielle Technologie angeschafft werden muss – vorausgesetzt, es sind entsprechende Lesegeräte mit NFC-Technologie verfügbar. Weiter ist die Akzeptanz des technischen Laien bei einem hoheitlichen Dokument wie dem ePA als Gegenstand der Identifikation wahrscheinlich höher als bei einem „billigen Elektronikartikel" wie z.B. einem USB-Stick. Gerade aber diese Akzeptanz ist erforderlich, wenn man auf breiter Basis die Vorteile der elektronischen Identifikation und der elektronischen Signatur nutzen will.

Diese Eigenschaft der Garantie des Staates für die Echtheit des Dokuments (bei der Ausstellung des Ausweises) wiegt auch schwer, wenn man die technisch deutlich größeren Möglichkeiten eines Handys bei Signatur und Identifikation gegen einen elektronischen Ausweis ohne weitere Funktionen abwiegt. Obwohl die Nutzung des Handys aus technischer Sicht genauso gut für eine Identifikation geeignet ist wie eine Plastikkarte, bleibt dennoch die Frage des Vertrauens in die Sicherheit des Handys bei Funktionen wie Bezahlvorgängen oder auch Signatursetzung. Mit der Zeit wird sich aber durch Gewohnheit die Akzeptanz und Glaubwürdigkeit von Handys (Smartphones) für die oben genannten Anwendungen steigen. Die technisch größeren Möglichkeiten werden dann schwerer wiegen und letztlich das elektronische Ausweisdokument in Form einer Karte verdrängen.

Die NFC-Technologie ist drahtlos auslesbaren elektronischen Ausweisdokumenten wie dem ePA als auch den Handys der Zukunft gemeinsam. Die Vereinfachung der Mensch-Maschine-Interaktion durch NFC wurde bereits in Kapitel 1.4.2 beschrieben. Schon jetzt ist zu beobachten, dass die intuitive Anwendbarkeit und Bedienbarkeit einer Anwendung (Usability) in der Informatik zunehmend an Bedeutung gewinnt. Deshalb wird die NFC-Technologie im Bereich der Identifikation eines Nutzers gegenüber einem (mobilen) Computer in Zukunft eine große Rolle spielen – mit viel Potenzial.

Zusammengefasst lässt sich also sagen, dass die Nutzung von elektronischen Ausweisdokumenten für die Absicherung des Datenzugriffs mit mobilen Computern bestens geeignet ist. Es könnte allerdings sein, dass der Ansatz dieser Technologie noch vor der Einführung überholt ist, da die Funktionen auch von technisch leistungsfähigeren Geräten übernommen werden können. Diese Frage lässt sich jedoch nicht abschließend beantworten, da hier zu viele unsichere Faktoren und unsichere Erwartungen über die Zukunft zu berücksichtigen wären.

1.7 Literaturverzeichnis

[Besc09]   Beschaffungsamt des BMI; Bekanntmachung, Dienstleistungsauftrag; Ausschreibung; Aktenzeichen beim öffentlichen Auftraggeber: B 3.50 - 0198/09/VV: 1; Abgerufen unter http://www.evergabe-online.de/ dowload/bekanntmachung9380.pdf%3Bjsessionid=372F90A189C4D752 6B87D25E22D16E89.node22?verfahrenID=9380 Abruf am 23.10.2009 um 17:42 Uhr

[Beus09]   Beus, B., Beauftragter der Bundesregierung für Informationstechnik; Teilnehmer am zentral koorcinierten Anwendungstest; http://www.cio. bund.de/cln 103/DE/IT-Projekte/Leuchtturmprojekt ePA/Anwendung stest ePA/anwendungstest node.html Abruf am 25.11.2009 um 17:22 Uhr

[BKMN08]   Bender, J.; Kügler, D.; Margraf, M.; Naumann, I.; Sicherheitsmechanismen für kontaktlose Chips im deutschen elektronischen Personalausweis; DuD – Datenschutz unc Sicherheit; 03/2008; Seiten 173 bis 177

[BMI08a]   BMI – Bundesministerium des Innern; Einführung des elektronischen Personalausweises in Deutschland – Grobkonzept–Version 2.0; 02.07.2008

[BMI09a]   BMI – Bundesministerium des Innern; Elektronischer Personalausweis; http://www.bmi.bund.de/cln 104/sid 282CB4EDA5593CBF6C5207D04B F60BCF/DE/Themen/Sicherheit/PaesseAusweise/ePersonalausweis/ePer sonalausweis.html Abruf am 07.10.2009 um 17:43 Uhr

[BMJ01]   BMJ – Bundesministerium der Justiz; Verordnung zur elektronischen Signatur vom 16. November 2001; BGBl I 2001, 3074; zuletzt geändert am 04.01.2005

[BMJ01b]   BMJ – Bundesministerium der Justiz; Gesetz über Rahmenbedingungen für elektronische Signaturen SigG vom 16.05.2001;

[BSI09a]   BSI - Bundesamt für Sicherheit in der Informationstechnik. Das eCard-API-Framework (BSI TR-03112); https://www.bsi.bund.de/cln 134/Con tentBSI/Publikationen/TechnischeRichtlinien/tr03112/index htm.html Abruf am 15.10.2008 um 18:05 Uhr

[BSI09b]   BSI - Bundesamt für Sicherheit in der Informationstechnik; Sicherheitsmechanismen in elektronischen Ausweisdokumenten - Password Authenticated Connection Establishment (PACE); https://www.bsi.bund. decln 164DEThemenElektronische AusweiseSicherheitsmechanismensicherPACEpace node.html Abruf am 12.10.2009 um 12:08 Uhr

[BSI09c]   BSI - Bundesamt für Sicherheit in der Informationstechnik; Sicherheitsmechanismen in elektronischen Ausweisdokumenten - Extended Access Control (EAC); https://www.bsi.bund.de/ContentBSI/Themen/

elekausweise/Sicherheitsmechanismen/EAC/sicherheitsmechanismen
EAC.html Abruf am 12.10.2009 um 12:05 Uhr

[BSI09d]   BSI - Bundesamt für Sicherheit in der Informationstechnik; Technical
            Guideline TR-03110 - Advanced Security Mechanisms for Machine
            Readable Travel Documents- Extended Access Control (EAC), Password
            Authenticated Connection Establishment (PACE), and Restricted Identi-
            fication (RI); Version 2.01

[BSI09e]   BSI - Bundesamt für Sicherheit in der Informationstechnik; Technical
            Guideline TR-03111 - Elliptic Curve Cryptography; Version 1.11;
            17.04.2009

[BSI09h]   BSI - Bundesamt für Sicherheit in der Informationstechnik; Technical
            Guideline TR-03127 – Architektur Elektronischer Personalausweis; Ver-
            sion 1.01; 30.10.2009

[Bund08]   Gesetzentwurf der Bundesregierung: Entwurf eines Gesetzes über Per-
            sonalausweise und den elektronischen Identitätsnachweis sowie zur
            Änderung weiterer Vorschriften vom 07.10.2008, Drucksache 16/10489,
            Seite 1

[CCEP09]   Kompetenzzentrum Elektronischer Personalausweis: Der zentral koordi-
            nierte Anwendungstest. http://www.ccepa.de/web/guest/zentraler-
            anwendungstest Abruf am 23.11.2009 um 11:53 Uhr

[CNF09]   Center for Nearfield Communication; Grundlagen der Near Field Com-
            munication Technologie; http://www.cnm.uni-hannover.de/nfc/inde
            x.php Abruf am 14.10.2009 um 15:35 Uhr

[DB09]   Deutsche Bahn AG; http://touchandtravel.de/s te/touchandtravel/
            de/infos piloten/ pilotbetrieb/pilotbetrieb.html 07.08.2009; Abruf am
            25.10.2009 um 21:36 Uhr

[DiHe76]   Diffie, W.; Hellmann, M.E.; New Directions in Cryptographie, IEEE
            Transactions on Information Theory 6/1976

[Donn09]   Donner, S.: Der Chip, der unter die Haut geht; Technology Review
            11/2009; S.40-41

[Ecke08]   Eckert, C.; Elektronische Reise- und Ausweisdokumente; Fraunhofer
            Institut für Sichere Informationstechnologie (FhI-SIT) TU Darmstadt,
            Datum: 28. Juli 2008; www.oldenbourg-wissenschaftsverlag.de/
            fm/694/Eckert epass.pdf Letzter Abruf am 30.12.2009

[Fink08]   Finkenzeller, K.; RFID Handbuch – Grundlagen und praktische Anwen-
            dungen von Transpondern, Kontaktlosen Chipkarten und NFC; 5. Aufla-
            ge, Hanser-Verlag München, 2008

[Gema08]   Einführung der Gesundheitskarte – Gesamtarchitektur.
            http://gematik.de/((S(2mq0ftvov2obdb55qh3co555))/Detailseite Archi
            tektur Gesamtarchitektur.Gematik Version 1.5.0; Gematik. Stand:
            02.09.2008

[Gsma07]   GSMA, www.gsmworld.com; Pay-Buy-Mobile – Business Opportunity
            Analysis; Version 1.0; November 2007

[Hoef05]   Höfert, G.; RFID und NFC, Technologien, Vergleich und Anwendung; Folien zum Seminar Current Trends in Wireless Networks an der TU-München; 06.12.2005

[ISO08]   ISO/IEC; International Stancard 14443-1 - Identification cards — Contactless integrated circuit cards — Proximity cards —; Second Edition; 15.06.2008

[Kern07]   Kern, C. Anwendung von RFID-Systemen; 2., Auflage; Springer-Verlag Berlin, 2007

[NaFS08]   Naujokat, F.; Fiedler, A.; Schwarb, W.: Akzeptanz von Vertrauensräumen in IT-Infrastukturen. DuD - Datenschutz und Datensicherheit 9/2008

[Near09]   Near Field Communication Research Lab; http://www.nfc-re search.at/index.php?id=45 ; Hagenberg; Abruf am 25.10.2009 um 21:16 Uhr

[Noki04]   Nokia; http://press.nokia.com/PR/200411/966879_5.html ; 04.11.2004; Abruf am 25.10.2009 um 21:11 Uhr

[Noki09a]   Nokia;   http://europe.nokia.com/find-products/devices/nokia-6216-classic Abruf am 25.10.2009 um 21:04 Uhr

[Noki09b]   Nokia;   http://europe.nokia.com/find-products/devices/nokia-6212-classic Abruf am 25.10.2009 um 21:05 Uhr

[Noki09c]   Nokia;   http://europe.nokia.com/find-products/devices/nokia-6131-nfc Abruf am 25.10.2009 um 21:09 Uhr

[NXP06]   NXP; http://www.nxp.com/news/content/file_1216.html 07.02.2006; Abruf am 25.10.2009 um 21:13 Uhr

[Pele06]   Peleschka, M.: Near Field Communication (NFC) als weiterer Baustein des „Pervasive Computing", Technische Universität Wien; Wien; 2006

[Pohl09]   Pohlmann, N; Elektronischer Personalausweis; http://www.internet-sicherheit.de/forschung/aktuelle-forschungsprojekte/elektronischer-personalausweis/; Abruf am 07.10.2009 um 15:17 Uhr

[Schm09a]   Schmeh, K.; Elektronische Ausweisdokumente - Grundlagen und Praxisbeispiele; Hanser-Verlag München, 2009

[Schm09b]   Schmeh, K,; Kryptografie – Verfahren, Protokolle, Infrastrukturen; 4. Auflage, dpunkt-Verlag Heidelberg, 2009

[WiRe06]   Wiedmann, K.P.; Reeh, M.O.; Positionspapier zu den Erfolgsaussichen von NFC; Hannover; 2006; per Mail von Marc-Oliver Reeh, reeh@ m2.uni-hannover.de

[WSNB08]   Wieland, W.; Stokar von Neuforn, S.; Beck, V.; Lazar, M.; Montag, J.; Schewe-Gerigk, I.; Ströbele, H.-C.; Winkler, J.; Fraktion BÜNDNIS 90/DIE GRÜNEN; Antrag an Deutschen Bundestag: Keine Einführung biometrischer Merkmale im Personalausweis; Drucksache 16/7749; 16.01.2008; Abgerufen unter http://dip21.bundestag.de/dip21/btd/ 16/077/1607749.pdf am 07.10.2009 um 18:21Uhr

1.8 Abbildungsverzeichnis:

[BSI09f]   BSI - Bundesamt für Sicherheit in der Informationstechnik;
              https://www.bsi.bund.de/cae/servlet/contentblob/609476/poster/
              37614/ePA_Vorne.jpg Abgerufen am 12.10.2009 um 12:18 Uhr

[BSI09g]   BSI - Bundesamt für Sicherheit in der Informationstechnik;
              https://www.bsi.bund.de/cae/servlet/contentblob/609476/poster/
              37614/ePA_Hinten.jpg Abgerufen am 12.10.2009 um 12:19 Uhr

[BKMN08]   Bender, J.; Kügler, D.; Margraf, M.; Naumann, I.; Sicherheitsmechanis-
              men für kontaktlose Chips im deutschen elektronischen Personalaus-
              weis; DuD – Datenschutz und Sicherheit; 03/2008; Seiten 173 bis 177

[Fink08]   Finkenzeller, K.; RFID Handbuch – Grundlagen und praktische Anwen-
              dungen von Transpondern, Kontaktlosen Chipkarten und NFC; 5. Aufla-
              ge, München, 2008

[Schm09a]   Schmeh, K.; Elektronische Ausweisdokumente - Grundlagen und Praxis-
              beispiele; München, 2009

Bild auf Seite 2: www.bos-bremen.de

www.ingramcontent.com/pod-product-compliance
Lightning Source LLC
Chambersburg PA
CBHW031232050326
40689CB00009B/1584